Tiburones peregrinos

Nico Barnes

ABDO
TIBURONES
Kids

www.abdopublishing.com

Published by Abdo Kids, a division of ABDO, PO Box 398166, Minneapolis, Minnesota 55439.

Copyright © 2015 by Abdo Consulting Group, Inc. International copyrights reserved in all countries. No part of this book may be reproduced in any form without written permission from the publisher.

Printed in the United States of America, North Mankato, Minnesota.

072014

092014

 THIS BOOK CONTAINS
RECYCLED MATERIALS

Spanish Translators: Maria Reyes-Wrede, Maria Puchol

Photo Credits: Corbis, Doug Perrine/Seapics.com, Getty Images, Glow Images, Science Source, Shutterstock, Thinkstock

Production Contributors: Teddy Borth, Jennie Forsberg, Grace Hansen

Design Contributors: Candice Keimig, Laura Rask, Dorothy Toth

Library of Congress Control Number: 2014938945

Cataloging-in-Publication Data

Barnes, Nico.

[Basking sharks. Spanish]

Tiburones peregrinos / Nico Barnes.

  p. cm. -- (Tiburones)

ISBN 978-1-62970-358-9 (lib. bdg.)

Includes bibliographical references and index.

1. Basking sharks--Juvenile literature. 2. Spanish language materials—Juvenile literature.   I. Title.

597.3--dc23

                    2014938945

Contenido

El tiburón peregrino

El tiburón peregrino vive en todos los océanos del mundo. Se lo ve frecuentemente cerca de las costas. Le gustan las aguas cálidas y poco profundas.

El tiburón peregrino nada lentamente. Le gusta **tomar el sol** en la superficie del agua.

¡Los tiburones peregrinos son enormes! Sólo los tiburones ballena son más grandes.

9

El tiburón peregrino

tiene los ojos pequeños.

Tiene la nariz grande.

Los tiburones peregrinos

tienen **aletas dorsales** grandes.

Estas aletas son fáciles de ver.

Alimentación

El tiburón peregrino tiene la boca enorme. Nada con la boca abierta para que le entre agua y comida.

15

Sus **branquias** especiales
separan la comida del agua.
El agua vuelve a salir al
océano. Se come lo que queda.

Comida

El tiburón peregrino come principalmente **plancton**.

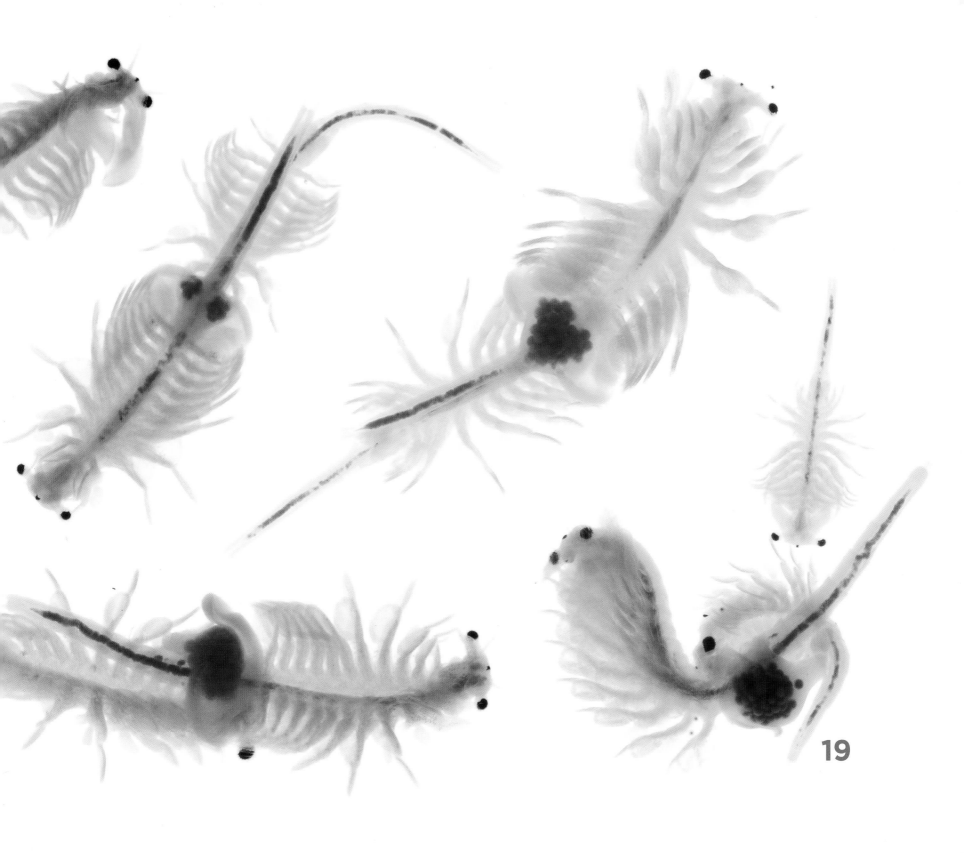

19

Crías de tiburones peregrinos

A los tiburones peregrinos recién nacidos se los llama crías. Las crías se alejan de sus madres nadando al nacer.

20

Más datos

- El **plancton** puede ser más pequeño que un grano de arroz. El tiburón peregrino es el segundo pez más grande del mundo, come millones de plancton al día.

- La **aleta dorsal** del tiburón peregrino mide alrededor de 7 pies (2m) de largo. Más de lo que mide un hombre adulto.

- Los tiburones peregrinos no son **agresivos** con la gente.

Glosario

agresivo – listo para atacar o con tendencia a atacar.

aleta dorsal – aleta triangular y grande de un tiburón.

branquia – órgano que ayuda a algunos animales a respirar bajo el agua.

cría – animal recién nacido.

plancton – organismos muy pequeños que flotan en el mar o en el agua dulce. Normalmente se los comen los peces que filtran el agua.

tomar el sol – exponerse al sol para calentarse.

Índice

abdokids.com

¡Usa este código para entrar a abdokids.com y tener acceso a juegos, arte, videos y mucho más!

Código Abdo Kids:
SBK0649